Jean-Marc Ausset

De la raison à la foi

Jean-Marc Ausset

De la raison à la foi

Limites et vertus de la raison dans la quête de Dieu.De la croyance à la foi,de la foi au savoir,du savoir à l'espérance

Éditions Croix du Salut

Impressum / Mentions légales
Bibliografische Information der Deutschen Nationalbibliothek: Die Deutsche Nationalbibliothek verzeichnet diese Publikation in der Deutschen Nationalbibliografie; detaillierte bibliografische Daten sind im Internet über http://dnb.d-nb.de abrufbar.
Alle in diesem Buch genannten Marken und Produktnamen unterliegen warenzeichen-, marken- oder patentrechtlichem Schutz bzw. sind Warenzeichen oder eingetragene Warenzeichen der jeweiligen Inhaber. Die Wiedergabe von Marken, Produktnamen, Gebrauchsnamen, Handelsnamen, Warenbezeichnungen u.s.w. in diesem Werk berechtigt auch ohne besondere Kennzeichnung nicht zu der Annahme, dass solche Namen im Sinne der Warenzeichen- und Markenschutzgesetzgebung als frei zu betrachten wären und daher von jedermann benutzt werden dürften.

Information bibliographique publiée par la Deutsche Nationalbibliothek: La Deutsche Nationalbibliothek inscrit cette publication à la Deutsche Nationalbibliografie; des données bibliographiques détaillées sont disponibles sur internet à l'adresse http://dnb.d-nb.de.
Toutes marques et noms de produits mentionnés dans ce livre demeurent sous la protection des marques, des marques déposées et des brevets, et sont des marques ou des marques déposées de leurs détenteurs respectifs. L'utilisation des marques, noms de produits, noms communs, noms commerciaux, descriptions de produits, etc, même sans qu'ils soient mentionnés de façon particulière dans ce livre ne signifie en aucune façon que ces noms peuvent être utilisés sans restriction à l'égard de la législation pour la protection des marques et des marques déposées et pourraient donc être utilisés par quiconque.

Coverbild / Photo de couverture: www.ingimage.com

Verlag / Editeur:
Éditions Croix du Salut
ist ein Imprint der / est une marque déposée de
OmniScriptum GmbH & Co. KG
Heinrich-Böcking-Str. 6-8, 66121 Saarbrücken, Deutschland / Allemagne
Email: info@editions-croix.com

Herstellung: siehe letzte Seite /
Impression: voir la dernière page
ISBN: 978-3-8416-9986-2

Copyright / Droit d'auteur © 2015 OmniScriptum GmbH & Co. KG
Alle Rechte vorbehalten. / Tous droits réservés. Saarbrücken 2015

Jean-Marc AUSSET

DE LA RAISON A LA FOI

Vertus et limites de la raison dans la quête de Dieu

De la croyance à la foi, de la foi au savoir, du savoir

à l'espérance

VERTUS ET LIMITES DE LA RAISON

DANS LA QUETE DE DIEU

I) Introduction :

On a coutume d'opposer la raison et la foi comme s'il y avait une totale et irréductible incompatibilité entre elles et comme si la foi chrétienne ne reposait sur aucun fondement rationnel susceptible de susciter la confiance et d'objectiver les raisons du choix.
Une telle attitude, un tel a priori qui, par parenthèse, élude la grande question de la vie et de la mort, du sens de la vie et de ce qui advient après la mort, dénote une certaine inconscience qui ne peut que heurter la raison elle-même, eu égard au caractère impérieux et fondamental des enjeux soulevés.

II) Un paradoxe :

Ceci est d'autant plus étonnant que tout au long de leurs vies, ceux-là même qui considèrent l'acte de foi comme irrationnel et pétri de naïveté ou de crédulité, sont appelés à faire des choix qui ne suscitent chez eux aucune considération analogue.

III Le processus du choix :

1) Entre rationalité et irrationalité :

Les déterminants de tout choix, du plus prosaïque au plus sacré, sont multiples.
Ils offrent une large palette qui les inscrit entre une grande objectivité et une non moins grande subjectivité. Le plus souvent, on observe que

les deux sont mêlés dans des proportions variables selon l'objet du choix et selon le sujet qui choisit.
En d'autres termes, c'est cet amalgame d'objectivité et de subjectivité qui va définir le degré de rationalité du choix.
C'est ce degré de rationalité qui va déterminer la probabilité de voir son choix ratifié par l'expérience.
Ainsi, tout choix verra-t-il son degré d'incertitude diminuer à proportion des arguments rationnels qui le sous-tendent.

Le concept de rationalité, s'appliquant à un objet ou à un phénomène, place celui-ci sous l'arbitrage de la raison. Etant observé de l'extérieur, le regard porté sera dit « objectif » et lui conférera un quasi statut de scientificité, autrement dit, aura valeur universelle.
Dans l'absolu, il est rare que cette objectivité soit totale et dépourvue de biais, ce que ne laisse pas supposer le qualificatif de « sciences dures » appliqué, par exemple, aux mathématiques ou aux sciences physiques.
N'oublions pas que nombre de grandes découvertes scientifiques le furent à la suite, soit de hasards, soit d'intuitions appelées « insights », lesquelles relèvent davantage de la subjectivité que de l'objectivité pure, donc de la raison.

La notion de subjectivité, s'appliquant à un objet ou à un phénomène, place celui-ci sous la tutelle des sentiments, des émotions, du ressenti. Etant perçu de l'intérieur, le regard porté sera dit « subjectif » et lui conférera un statut de moindre scientificité, autrement dit, n'aura pas la même valeur universelle que celle définie précédemment.
Pour autant, les mécanismes psychiques possèdent leurs propres lois, lesquelles ne sont pas sans fondement épistémologique même s'ils relèvent de ce que l'on qualifie de « sciences molles » telles que les sciences humaines. Les connaissances en psychologie clinique sont éclairantes à ce sujet.

2) Aucun choix n'est totalement objectif ou subjectif :

Blaise Pascal dans ses Pensées, écrivait :
« Le cœur a ses raisons que la Raison ne connaît pas. »

Nous l'avons dit, les déterminants d'un choix sont multiples et mêlent rationnel et irrationnel.

Ils peuvent relever tout à la fois des sentiments, de l'analyse, de la nécessité, de l'urgence, de la renommée, des présupposés, du ressenti, d'une certaine connaissance de l'objet pour ne citer que ceux-là.
Quel qu'il soit, chaque choix procède d'une décision bien fondée ou non, objective ou subjective, rationnelle ou non, qui relève de l'acte de foi par un investissement de la confiance envers l'objet ou la personne choisie.
Or, ce choix est bien un acte de la volonté quels que soient les déterminants dont le plus important non encore mentionné est son mobile, autrement dit sa raison.

A l'instar des objets du choix, les mobiles qui y ont conduit sont de natures différentes et multiples. Ils peuvent être utilitaires ou moraux, matériels ou spirituels, à visée de confort personnel ou d'entraide…bref, chacun porte en soi sa propre légitimité.

Cependant, il faut bien noter qu'il est des choix qui ont un caractère infiniment plus important que d'autres et dont la nécessité n'en est que plus impérieuse.

Il ressort de cela que plus la nature de l'objet sera élevée en termes de conséquences sur la vie présente et sur celle à venir, plus il faudra s'appuyer sur la raison plutôt que sur les sentiments pour alimenter sa réflexion, aiguiser sa pensée, étayer les arguments de son choix, sachant qu'au moment du choix, les sentiments seront obligatoirement sollicités, parfois même à notre insu, pour enclencher l'acte de décision.

3) Exemples de choix :

Il est évident qu'il y a une énorme différence entre le choix d'un réfrigérateur et celui d'un conjoint.
Dans le premier cas, le mobile est clair : acheter un appareil qui fonctionnera une dizaine d'années ! Mais le choix sera-t-il objectif, rationnel, fondé sur une étude technique, sur la fiabilité de l'objet ? Ou

bien découlera-t-il d'une renommée plus ou moins surfaite ou d'une publicité par trop tapageuse ?! Ou encore à cause de son design à la mode ? Ou bien parce que l'on a un attachement affectif à la marque ? Bref, comme nous le constatons, les raisons du choix sont mélangées et font souvent la part belle à la subjectivité !

Dans le second cas, là aussi, le mobile paraît clair – je devrais dire, paraissait clair – unir sa vie avec un ou une autre, jusqu'à ce que la mort sépare.
Ici, la notion de temps s'impose aux futurs mariés !
Il ne s'agit pas de choisir à la légère, à moins de considérer le divorce comme une échappatoire légale et donc légitime en cas de désaccord ! Mais, nonobstant cette triste éventualité, et dans le but d'en éviter l'advenue, toutes les précautions devraient être prises pour assurer la pérennité du mariage.

Il faudra donc se hâter lentement pour apprendre à se connaître et ceci malgré les sollicitations des sentiments et souvent des sens qui proclament à l'envie l'urgence de l'union !

Nous assistons ici à l'opposition naturelle entre la raison et le cœur, entre une approche raisonnée et les fortes suggestions des sentiments empêchant toute objectivité.
En l'occurrence, prendre son temps pour voir s'il y a bien concordance entre les caractères, s'il y a accord culturel, communauté de centres d'intérêt, vision commune sur le plan spirituel, sur le projet éducatif etc…constitue un préalable indispensable et raisonnable pour une telle entreprise à deux.
Or, si les fiançailles jouaient auparavant ce rôle de réflexion et de découverte mutuelle autorisant une rupture éventuelle en cas d'incompatibilité, il n'en est rien de nos jours, cette étape étant tombée en désuétude.

Aujourd'hui, on ne prend plus le temps de la réflexion.
Tout doit se faire rapidement ! Nous vivons à l'ère de l'éphémère, du labile, de l'inconstant et du jetable ! A l'époque du ressenti, de l'adrénaline, de l'émotion plus encore que du sentiment !

Point de place pour la réflexion, pour l'attente, pour la patience, pour l'examen, pour l'analyse. Vouloir tout, tout de suite, c'est n'avoir rien ! Et lorsqu'on a rien, on s'exonère de toute responsabilité en la mettant sur le dos de la société !

Un des éléments qui fonde la dignité de l'homme, c'est sa faculté de choix en tant qu'individu responsable.
Comme nous venons de le voir, plus les enjeux d'un choix sont importants, plus l'intelligence et la raison doivent être sollicités avant de céder la parole aux sentiments à l'heure du choix.

IV) La raison au service de la foi :

La foi chrétienne qui trouve sa source principalement dans les enseignements du Christ dépend pour partie de la fiabilité et de l'historicité des documents qui les relatent.
Autrement dit, les quatre Evangiles qui présentent sa vie doivent être crédibles pour que son personnage central le soit aussi.
La même rigueur scientifique que pour tous les autres documents historiques doit leur être appliquée.

C'est au Professeur F.F. Bruce, spécialiste du grec, d'histoire et de littérature bibliques, professeur de critique et d'exégèse à Manchester que nous emprunterons la plupart des informations tirées de son ouvrage « les documents du Nouveau Testament, peut-on s'y fier ? » (Editions Telos- 1975))

Dans un premier temps, nous nous pencherons sur les sources littéraires de grandes œuvres classiques, puis, dans un deuxième temps sur celles du Nouveau Testament.

1) Authenticité et historicité d'œuvres classiques :

La guerre des Gaules de César :

Composée entre 58 et 50 av.J-C dont on ne possède que 9 ou 10 manuscrits valables dont le plus ancien est postérieur de 900 ans à César.

L'Histoire de Tite-Live :

Composée de 59 av.J-C à 17 après J-C dont il ne reste que 35 livres sur les 142 à l'origine.
Nous ne les connaissons que par une vingtaine de manuscrits de quelque valeur, dont un seulement, contenant des fragments des livres III à VI, remonte au IVème siècle.

Les écrits de Tacite :

L'Histoire :
Composée à la fin du 1er siècle, sur les 14 livres, il n'en reste que quatre et demi.

Les Annales :
Sur les 16 livres, 12 subsistent dont 2 incomplets.

Le texte de ce qui reste de ces deux grandes oeuvres historiques est établi uniquement sur la foi de deux manuscrits, l'un du 9ème siècle et l'autre du 11ème.

Les manuscrits existants de ses œuvres mineures (le Dialogue des orateurs, Agricola , la Germanie) remontent tous à un Codex du 10ème siècle.

L'Histoire de Thucydide :

460-400 av.J-C. Elle nous est connue par 8 manuscrits dont le plus ancien date des années 900 de notre ère et par quelques fragments de papyrus datant du début de l'ère chrétienne.

Il en est de même de **l'Histoire d'Hérodote** écrite entre 488 et 428 av.J-C.

Remarque importante :

Aucun helléniste ne songerait à mettre en doute l'authenticité d'Hérodote ou de Thucydide, sous prétexte que les plus anciens manuscrits valables de leurs œuvres ont été écrits plus de 1300 ans après les originaux!

2) Authenticité et historicité des écrits du Nouveau Testament :

Il est du plus grand intérêt de comparer les sources du Nouveau Testament avec celles des grandes œuvres historiques classiques pour voir si elles sont aussi fiables.
Rappelons que le Nouveau Testament contient les 4 Evangiles, les Actes des Apôtres, les 13 épîtres de Paul, l'épître aux Hébreux, celle de Jacques, les 2 épîtres de Pierre, les 3 épîtres de Jean, celle de Jude et le livre de l'Apocalypse de Jean.

Une telle approche historique est de la plus haute importance car les affirmations du Nouveau Testament engagent l'humanité de façon si absolue, la personnalité et les actes de son personnage central sont tellement uniques qu'il importe que nous nous assurions de sa véracité.
Nous constaterons au terme de cette brève analyse que l'évidence de l'authenticité, de l'historicité et de la véracité du Nouveau Testament, et donc des Evangiles, est nettement supérieure à celle des autres textes de cette période.

C'est ainsi que les historiens disposent d'environ 5700 manuscrits grecs du Nouveau Testament et de 20000 textes en différentes langues dont le syriaque, le latin, le copte etc.

Les meilleurs et les plus valables remontent à l'année 350 environ.

Les 2 plus importants sont les suivants :

   - Le Codex Vaticanus conservé précieusement dans la Bibliothèque du Vatican à Rome,
   - Le Codex Sinaïticus, cédé par le gouvernement soviétique au gouvernement britannique le jour de Noël 1933 pour la somme de 100000 livres et conservé au British Museum.

Il convient de noter que ces 2 Codex datent du IVème siècle et qu'ils contiennent les textes complets des Evangiles.

L'Angleterre possède, en outre deux autres manuscrits importants :
   - Le Codex Alexandrinus du 5ème siècle conservé au British Museum et
   - Le Codex de Bèze datant du 5ème ou 6ème siècle et contenant les Evangiles et les Actes en latin et en grec, conservé à la Bibliothèque de l'Université de Cambridge.

Déjà, nous pouvons noter la disproportion en nombre de documents ainsi qu'en datation par rapport aux écrits originaux avec les autres textes classiques.

Il est bon de préciser à cet égard les dates de rédactions des principaux livres du Nouveau Testament pour s'en convaincre.
Précisons que ces datations font l'unanimité chez la majorité des érudits.

   - Evangile de Matthieu : en 85-90.
   - Evangile de Marc : en 65
   - Evangile de Luc : en 80-85
   - Evangile de Jean : en 90-100

F.F Bruce précise qu'il placerait celui de Marc plutôt peu après 60, celui de Luc entre 60 et 70 et celui de Matthieu peu après 70.
Il pense, en effet, que ces Evangiles ont été écrits avant la destruction du temple en 70 et celui de Matthieu, juste après.

Pour autant, cela n'a aucune incidence sur le plan historique.
Ce qui importe, c'est de savoir qu'à l'époque où les 3 premiers Evangiles furent rédigés, beaucoup de personnes qui pouvaient se souvenir de ce qu'avait fait et dit Jésus étaient encore en vie, et que quelques-unes, au moins, vivaient encore lors de la rédaction du 4ème Evangile.

- Le livre des Actes des Apôtres rédigé par Luc, auteur de l'Evangile éponyme, semble l'avoir été à la suite de cet écrit autrement dit dans les années 60.
- Les 13 épîtres de Paul ne posent aucun problème de datation en raison des preuves internes et externes.
- 10 de ces lettres furent écrites avant la fin de sa captivité à Rome, à savoir :
- Galates en 48
- 1 et 2 Thessaloniciens en 50
- Philippiens en 54
- 1 et 2 Corinthiens en 54-56
- Romains en 57
- Colossiens, Philémon et Ephésiens en 60.
- Les 3 épîtres dites pastorales, 1 et 2 Thimothée et Tite , sont datées en 63-64.
- Epître aux Hébreux, vraisemblablement avant 70
- Epître de Jacques : probablement entre 40 et 50
- Les 2 épîtres de Pierre : entre 60 et 66
- Les 3 épîtres de Jean : fin du 1° siècle
- Jude : aux environs de 65
- Apocalypse : vers 95

L'intérêt de la datation de ces écrits réside dans le fait qu'elle permet de déterminer la distance en terme de temps qui sépare leur rédaction des documents que l'histoire nous a légués.

Comme nous l'avons vu, les Evangiles ont été rédigés entre les années 60 et 100, soit environ 30 ans et 70 ans après la mort de Jésus-Christ.
Les Codex qui les reproduisent datent quant à eux du IVème pour le Vaticanus et le Sinaïticus et du Vème pour l'Alexandrinus et celui de Bèze.
Autrement dit, seulement environ 200 ans séparent les originaux des copies pour les premiers et 300 ans pour les seconds.
Par ailleurs, la similitude entre les textes eux-mêmes attestent la fidélité avec les sources, les quelques variations notées n'affectant en rien le sens du texte, ce qui est remarquable.

Nous sommes loin des 900 ans qui séparent la rédaction de la « Guerre des Gaules » des documents les plus anciens que nous possédons, sans parler des Ecrits de Tacite ou de Thucydide dont nous n'avons que des fragments!

Les historiens pourraient se satisfaire de tels résultats pour entériner l'historicité et la véracité des textes du Nouveau Testament et donc des Evangiles, mais voici que de récents documents viennent renforcer leur conviction.

En effet, outre les Codex majeurs déjà évoqués viennent s'ajouter d'autres écrits d'importance :

Les papyri Chester Beatty datant de 250 environ, contiennent la presque totalité des écrits du Nouveau Testament. L'un des papyrus comprend les 4 évangiles et les Actes des apôtres ; un autre, les épîtres de Paul et l'épître aux Hébreux.
Le 3ème papyrus contient l'Apocalypse et date de la seconde moitié du 3ème siècle.

Quelques fragments de papyri, récemment découverts, remontent au plus tard à l'an 150 !
« Ils auraient été écrits par quelqu'un qui était en possession des 4 évangiles et qui les connaissait bien ; ils ne se présenteraient pas comme un autre Evangile, mais comme un ensemble de paraphrases des histoires contées des Evangiles, destiné à

l'instruction, un simple manuel pour enseigner les histoires de l'Evangile », selon le supplément littéraire du Times du 25 avril 1935.
Ils furent publiés par H.I Bell et T.C. Skeat en 1935.

Un autre fragment de codex sur papyrus encore plus ancien, contenant Jean 18 :31-33 et 37-38 est conservé dans la bibliothèque John Rylands à Manchester.
La paléographie a permis de dater ce papyrus des environs de l'an 130, montrant ainsi que le dernier des Evangiles, rédigé à Ephèse entre 90 et 100, circulait déjà en Egypte 40 ans après sa parution.
Il s'agit là du plus ancien fragment des Evangiles connu à ce jour.

Un autre manuscrit en papyrus du même Evangile a été découvert et annoncé en 1956 par la bibliothèque Bodmer de Genève. Moins ancien que le Rylands, il est nettement mieux conservé. Rédigé vers l'an 200, le papyrus Bodmer II contient les 14 premiers chapitres de l'Evangile de Jean, à l'exception de 22 versets, et des fragments importants des 7 derniers chapitres.

Au terme de ce bref survol, force nous est de constater que les documents du Nouveau Testament et plus particulièrement des Evangiles passent avec succès au crible de l'objectivité scientifique historique et surpassent très largement tous les autres écrits historiques classiques dont nul ne doute de l'authenticité.
Seule une mauvaise foi coupable pourrait conduire à des conclusions opposées !

3) Autres arguments connexes :

Les écrits des « Pères apostoliques » datant de 90 à 160, montrent par de nombreux exemples qu'ils connaissaient bien les livres du Nouveau Testament.
C'est ainsi que nous pouvons citer :
L'épître de Barnabas (an 100), la lettre de Clément (évêque de Rome à l'Eglise de Corinthe, an 96), la Didaché ou Doctrine des Apôtres.

Nous pourrions continuer ainsi pour tous les écrivains du IIème siècle démontrant la connaissance qu'ils avaient des écrits du Nouveau Testament et l'autorité qu'ils leur reconnaissaient.
La compilation de leurs écrits est réunie dans un ouvrage publié par la Société de théologie historique d'Oxford sous la titre : « The New Testament in the Apostolic Fathers ».
Outre les écrits de l'Eglise « primitive », l'authenticité du Nouveau Testament est confirmée par ceux des auteurs « hérétiques » tels que Valentin, propagateur de l'école gnostique, dont les écrits datant du milieu du IIème siècle, montrent que la plupart de ceux du Nouveau Testament leur était connus.

V) Des arguments de la raison à l'acte de foi :

1) Les limites de la raison en matière de foi :

a) la divinité de Christ :

Disons le tout net, aussi évidents que soient les arguments évoqués dans les chapitres précédents qui assurent la crédibilité, la véracité et l'historicité des textes du Nouveau Testament, ils ne sauraient à eux seuls être générateurs de la foi chrétienne.
Tout au plus, et cela n'est pas rien, peuvent-ils générer la confiance dans ces écrits chez le lecteur honnête et désireux de découvrir ce que rapportent les Evangiles en particulier.

La foi chrétienne, autrement dit, la foi en Jésus-Christ, personnage central des Evangiles, n'a rien de commun avec une simple croyance, ou avec une adhésion intellectuelle même si la description du personnage attire la sympathie, suscite l'admiration, entraîne un engouement pour ses enseignements. La foi chrétienne est toute autre et d'un autre ordre.

Ici, les sentiments et les émotions, joints à la raison sont insuffisants pour franchir le pas de la simple croyance vers un engagement personnel et total envers Jésus-Christ.

Et précisément, ce qui fait obstacle à la raison et que les sentiments eux-mêmes ne peuvent infléchir, c'est la nature même de Jésus-Christ présenté comme le Fils de Dieu, l'envoyé, le Messie de Dieu, venu s'incarner pour révéler les plans d'amour de son Père et sauver les hommes rebelles et orgueilleux par sa mort sacrificielle sur une croix.

L'Evangile qui est étymologiquement « une Bonne Nouvelle » est intimement associé au plan historique puisqu'il nous raconte comment, pour racheter le monde, Dieu est entré dans l'Histoire, l'Eternel est entré dans le Temps, le Royaume des cieux a envahi le Royaume terrestre, par le grand évènement de l'incarnation, de la crucifixion et de la résurrection du Christ-Jésus.

« Les temps sont accomplis et le Royaume de Dieu est proche ; repentez-vous et croyez à la bonne nouvelle ». Tels sont les premiers mots qui nous sont rapportés de la prédication de Jésus en Galilée ans l'Evangile de Marc 1 v 15.

La première pierre d'achoppement de la raison réside donc dans l'acceptation de la nature divine du Christ.

Face à cette affirmation, elle regimbe et se dresse car cette vérité échappe à son champ d'investigation traditionnel. C'est à cause d'elle aussi que les dignitaires religieux juifs demandèrent la condamnation à mort de Jésus.
Etrange comportement des hommes qui, bien qu'assurés de la véracité des Evangiles comme nous l'avons vu, rejettent tout ce qui est de l'ordre du surnaturel comme les miracles qui attestent la divinité de Christ, et du coup, rejettent leur auteur.

Une telle attitude se retrouve aussi vis-à-vis du Dieu créateur ;
L'apôtre Paul en fait état dans ces termes :
« Les perfections invisibles de Dieu, sa puissance éternelle et sa divinité, se voient comme à l'œil, depuis la création du monde, quand on les considère dans ses ouvrages. Ils sont donc inexcusables puisque, ayant connu Dieu, ils ne l'ont point glorifié comme Dieu et ne Lui ont pas rendu grâces ; mais ils se sont égarés dans leurs

pensées, et leur cœur sans intelligence a été plongé dans les ténèbres. » Epître aux Romains 1 v 19 à 22.

Ainsi, l'homme, persuadé dans sa fatuité qu'il peut tout expliquer, rejette-t-il toute réalité qui le ferait descendre de son piédestal et avouer, du même coup, ses propres limites.
Ce sursaut de la raison n'est, en réalité, qu'un sursaut de son orgueil et de son aveuglement.

L'homme a la mémoire bien courte : il a oublié ses origines dont son nom porte les traces, le mot « homme » venant du mot « humus » d'où dérive le mot « humilité » !

b) L'inspiration divine des Ecrits bibliques :

« Toute Ecriture est inspirée de Dieu, et utile pour enseigner, pour convaincre, pour corriger, pour instruire dans la justice, afin que l'homme de Dieu soit propre à toute bonne œuvre. »

Ce texte tiré de la 2ème épître de Paul à Timothée – ch 3 v 16 – est un de ceux qui affirment l'inspiration des Saintes Ecritures, signifiant par là qu'elles sont porteuses de l'autorité divine en même temps qu'elles sont paroles de Vérité et de Vie.

Le même apôtre, qui avait vu le Christ ressuscité sur le chemin de Damas, s'adressant aux chrétiens de Rome leur écrit au chapitre 10, v 17, de sa lettre :

« La foi vient de ce que l'on entend, et ce que l'on entend vient de la parole de Christ. »

C'est ce même Christ qui dira à ses disciples les paroles suivantes dans l'Evangile de Jean 14 v 17 :
« Et moi, je prierai le Père, et Il vous donnera un autre consolateur, afin qu'il demeure éternellement avec vous, l'Esprit de vérité. »

Face à de telles affirmations qui dépassent l'entendement humain, la raison une fois encore, oppose son veto, convaincue qu'en dehors du champ de sa logique, à savoir tout ce qui lui est préhensible, aucune autre réalité ne peut exister. Tout ce qui est « sur-naturel » ne saurait susciter chez elle quelque intérêt car échappant à ses moyens d'investigation et de contrôle.

En cela, elle présente un biais car, dans ses propres domaines de recherche, la raison, devant les « mystères » que la nature lui offre à découvrir, procède en utilisant des hypothèses autrement dit, des suppositions.

Or, il semble paradoxal qu'elle ne procède pas ainsi devant la question de Dieu alors que les Ecrits bibliques lui apportent toutes les garanties de crédibilité, comme nous l'avons vu.

Dans toute recherche scientifique, après avoir posé la problématique de base assortie d'une hypothèse nulle, le chercheur s'applique à analyser les données recueillies pour vérifier si son hypothèse de départ peut être validée ou non.

En d'autres termes, il met à l'épreuve ses présupposés, il fait travailler son « concept » initial pour voir s'il est assez « puissant », pour être scientifiquement attesté.

Il serait bon que ceux qui se réclament de la raison seule adoptent une telle démarche à l'égard des affirmations du Christ !

C'est en tout cas, cette attitude que Dieu lui-même appelle l'homme à adopter :

« Mettez-moi à l'épreuve, dit l'Eternel des armées, et vous verrez si je n'ouvre pas pour vous les écluses des cieux, si je ne répands pas sur vous la bénédiction en abondance ! ».

Dans ce texte tiré du livre du prophète Malachie, ch3 v 10, Dieu s'adresse au peuple d'Israël dont les pratiques religieuses bafouent son nom, et lui rappelle sa souveraineté, sa toute-puissance et sa générosité.

Ces paroles dépassent leurs destinataires premiers et s'adressent aussi à tout homme, eu égard au caractère immuable de celui qui les a prononcées .

2) Le chemin d'accès à la foi chrétienne opérante :

Nous venons de le constater, ni la raison, ni les meilleurs sentiments ne suffisent à posséder la foi chrétienne. Ils peuvent permettre d'accéder jusqu'à son seuil mais butent sur la première marche vers la vraie foi qui est acceptation totale de la nature de Christ, de ses enseignements et de ses promesses.
Or, l'obstacle majeur qui bloque toute progression, porte le nom « d'orgueil ».

Il faut, pour franchir le pas décisif, descendre de son piédestal, revenir sur terre, reconnaître ses limites et sa suffisance coupable appelée « péché » et tourner les regards vers son Créateur, en un mot, devenir humble !
Il faut aussi, reconnaître dans la personne du Christ, l'envoyé de Dieu, Dieu incarné venu donner sa vie pour le salut de quiconque croit et met sa confiance en Lui.
Il faut en ce moment crucial, oser interroger Dieu voire l'apostropher, solliciter une réponse de sa part alors même que le doute se fait encore insistant ! En un mot, il faut mettre Dieu à l'épreuve !

Les appels de Celui qui est entré dans l'histoire des hommes et qui veut entrer dans leurs cœurs, sont pressants et riches de promesses. Les premiers chrétiens, souvent témoins de sa résurrection et malgré les persécutions qui s'abattirent sur eux, surent outrepasser leurs légitimes craintes pour porter haut et fort le témoignage de leur foi. Aujourd'hui, nombreux sont ceux qui souffrent vaillamment à cause de leur amour pour leur Maître ! Ils sont les témoins vivants que quelque chose de surnaturel a transformé leur vie !
Ils ont répondu « oui » à Celui qui a dit :

« Je suis venu comme une lumière dans le monde, afin que quiconque croit en moi ne demeure pas dans les ténèbres. » Jean 12 v 46

« Je suis le chemin, la vérité et la vie. Nul ne vient au Père que par moi. » Jean14 v 6

« Je suis la résurrection et la vie . Celui qui croit en moi vivra, quand même il serait mort ; et quiconque vit et croit en moi ne mourra jamais. Crois-tu cela ? » Jean 11 v 25

« Venez à moi, vous tous qui êtes fatigués et chargés et je vous donnerai du repos. »
Matthieu 11 v 28

« Repentez-vous, et croyez à la bonne nouvelle ! » Marc 1 v 15

VII) Renouer un dialogue avec Dieu :

Dans son écrit « Soumission et usage de la raison » (n° 17/23) Blaise Pascal invite à éviter deux excès dans l'approche de la chose religieuse : exclure la raison d'une part, et n'admettre que la raison d'autre part, le premier excès pouvant conduire à la superstition, le second à une religion naturelle.

Nous pensons avoir évité ces deux écueils en prenant en compte la raison et en ayant déterminé ses vertus et ses limites intrinsèques.

Il nous appartient maintenant de mettre en lumière l'élément fondamental qui permet d'avoir accès à la foi qui sauve, inaccessible à la raison pas plus qu'aux sentiments aussi empathiques soient-ils à l'égard de Jésus-Christ.

1) Le Saint-Esprit, acteur majeur du dialogue avec Dieu :

Peu de temps avant son arrestation, Jésus-Christ annonce à ses disciples une nouvelle qui nous permet d'ouvrir notre compréhension sur la façon dont ce dialogue va pouvoir se nouer.
Jusqu'alors ses contemporains et plus particulièrement ses disciples pouvaient profiter de ses enseignements et de sa présence. On pouvait

imaginer qu'après sa mort, le silence remplacerait ces moments de communion.
Ce que Jésus leur révèle va bouleverser leurs vies et celle de tous ceux qui prêteront foi à ses propos.

« Je vous ai dit ces choses pendant que je demeure avec vous. Mais, le consolateur, l'Esprit-Saint, que le Père enverra en mon nom, vous enseignera toutes choses et vous rappellera tout ce que je vous ai dit. » Ev de Jean ch 14 v 26

« Quand sera venu le consolateur que je vous enverrai de la part du Père, l'Esprit de vérité, qui vient du Père, il rendra témoignage de moi. » Ev de Jean ch 15 v 26.

« Quand le consolateur sera venu, l'Esprit de vérité, il vous conduira dans toute la vérité ; car il ne parlera pas de lui-même, mais il dira tout ce qu'il aura entendu, et il vous annoncera les choses à venir. Il me glorifiera parce qu'il prendra ce qui est à moi et vous l'annoncera. Tout ce que le Père a est à moi ; c'est pourquoi j'ai dit qu'il prend de ce qui est à moi et qu'il vous l'annoncera. » Ev de Jean ch 16 v 13-15.

Ces textes mettent en scène l'Esprit-Saint revêtu de tous les attributs de la divinité, dont l'action va suppléer à l'absence physique de Jésus. Il est présenté comme le consolateur, traduction d'un terme grec d'une grande richesse :
« paraclet » : celui qui console ; celui qui intercède, l'avocat.
Dès lors, c'est par l'Esprit-Saint, le « paraclet », l'Esprit de Christ que le dialogue avec Dieu pourra être noué et entretenu. Ce dialogue prendra une nouvelle dimension car il sera de l'ordre du spirituel par le moyen de la prière adressée au Père, au nom du Fils et pas l'Esprit.

Nous avons ici la clé qui permet de répondre à la question qui fonde notre problématique :
Les Evangiles dont l'historicité est avérée, sont-ils crédibles quant aux vérités qu'ils énoncent et, notamment, les paroles du Christ sont-elles la Vérité ?

Concernant Jésus-Christ lui-même, nous retiendrons les propos de W.E.H. Lecky (1838-1903) historien irlandais rationaliste qui refusait l'idée de religion révélée et qui écrivait dans son livre « History of european Morals II » (1869) p 88 :

« La personne de Jésus a été non seulement le plus parfait modèle de vertu que l'on puisse trouver, mais aussi le plus puissant appel à la pratiquer. Elle a exercé une telle influence qu'il est permis de dire que la simple histoire de ses trois brèves années de ministère a fait plus pour adoucir et transformer l'humanité que toutes les spéculations des philosophes et toutes les exhortations des moralistes . »

Bel hommage d'un historien non croyant qui nous conduit à nous poser la question
« Par quel miracle, une telle influence a-t-elle été possible ?
« Qu'est-ce qui a permis que tant d'hommes et de femmes, pétris de la même glaise que leurs semblables, aient pu ainsi manifester dans leurs vies, contre vents et marées, des vertus telles qu'elles ont changé leurs propres vies et celles de leur entourage ? »

La réponse est la suivante : parce qu'elles ont renoué le dialogue avec Dieu qui a versé dans leur cœur son Esprit de vérité, de vie et d'amour !

Comment ce miracle a-t-il été rendu possible ?
Parce qu'elles ont mis Dieu à l'épreuve en l'interpellant avec humilité, en Lui disant :
Si ta Parole est la vérité, si les Evangiles sont véridiques et si le Christ est bien ce qu'il dit être, alors donne m'en l'assurance et je croirai en Toi !

Et c'est ici que se produit le miracle car c'est alors que l'Esprit de Christ répond à cette prière empreinte d'incertitude mais sincère et que la lumière de la vérité pénètre dans le cœur tandis que l'amour de Dieu le submerge.

Alors s'élève de l'âme ravie des cris de joie et de reconnaissance à l'instar de Pascal, cet immense savant, qui s'écriait en cet instant sublime du 23 novembre 1654 :

« Certitude, certitude, sentiment, joie, joie, joie, pleurs de joie ! »

Comment la raison peut-elle rester sourde et aveugle face à de telles transformations de vies ?
Comment peut-elle s'abstenir de les prendre en considération et ne pas en faire un sujet d'étude pour en découvrir l'origine et les développements ?
Quel beau sujet d'étude pour les psychologues cliniciens qui pourraient découvrir dans des études transversales de cas, des similitudes de comportements, de sentiments, de pensées, de motivations qui ne pourraient qu'attester des effets d'une origine commune, l'advenue de l'Esprit de Christ dans leurs vies.

2) Interrogation, appel à Dieu, réponse et nouvelle naissance :

Comme nous venons de le voir, tout commence par une interrogation sur Dieu, sur ce que disent les Evangiles. A cet appel, Dieu répond par son Esprit-Saint qui fait sa demeure dans le cœur de celui qui se tourne vers Lui pour être éclairé.

Ainsi se trouve vérifiée cette parole de Paul aux chrétiens de Rome (Romains 10 v 7) :
« La foi vient de ce qu'on entend, et ce qu'on entend vient de la parole de Christ. »

Et, de fait, ce sont bien les paroles de Christ, rapportées dans les Evangiles par les écrivains sacrés sous la direction du Saint-Esprit, qui ont suscité ce désir d'en savoir plus, d'aller au bout de la quête de la Vérité, d'éprouver la véracité de ces paroles.

Et, c'est bien cette démarche humble et sincère qui a mis en œuvre le processus de la foi par l'intervention de l'Esprit qui l'a honorée par sa venue dans le cœur.

Comme nous le voyons, la foi n'est plus seulement une inclination à croire mais elle devient un fait d'expérience qui bouleverse la vie en la saisissant, en la réorientant, en la transformant, en l'animant de sentiments nouveaux, en lui ouvrant de nouvelles perspectives et de nouvelles raisons d'exister.
Il s'agit d'une véritable métamorphose de la pensée, du cœur et de l'intelligence.

Il s'agit d'une « metanoïa » d'un changement de mentalité, de mode de penser, selon le terme grec, autrement dit d'une conversion.

Ce changement radical ne peut qu'être le fruit d'une nouvelle naissance réalisée par l'Esprit de Dieu.
Jésus-Christ en avait parlé lorsqu'il s'entretint avec un pharisien, chef des Juifs nommé Nicodème, dans Jean ch 3 v 3 et ss :

« Rabbi, nous savons que tu es un docteur venu de Dieu ; car personne ne peut faire ces miracles que tu fais, si Dieu n'est avec lui ! Jésus lui répondit :
« En vérité, en vérité, je te le dis, si un homme ne naît de nouveau, il ne peut voir le royaume de Dieu ……v 5 : si un homme ne naît d'eau et d'Esprit, il ne peut entrer dans le royaume de Dieu. Ce qui est né de la chair est chair, et ce qui est né de l'Esprit est esprit. »

Plus tard, à la veille de son ascension, Jésus, ressuscité, fit l'annonce suivante à ses apôtres: Actes 1 v 3 :

« Vous recevrez une puissance, le Saint-Esprit survenant sur vous et vous serez mes témoins, à Jérusalem, dans toute la Judée, dans la Samarie, et jusqu'aux extrémités de la terre. »

Cet évènement eut lieu à Jérusalem le jour de la Pentecôte peu de temps après, et est consigné par Luc au chapitre 2 du livre des Actes.

La venue de l'Esprit de Christ dans le cœur de ceux qui crurent, bouleversa le cours de l'humanité par les effets bienfaisants qui en découlèrent.

VII) Conclusion :

Cher lecteur,

nous voici arrivés au terme de cette réflexion sur les rapports entre la raison et la foi.
Comme vous avez pu le constater, il ne s'agit aucunement d'un travail de théologien ni de philosophe, mais, bien modestement, de la contribution d'un praticien de la foi, d'un disciple de Christ souvent interpellé dans son témoignage sur le sujet abordé.

De grands érudits – philosophes, théologiens - ont largement écrit sur ce thème, preuve s'il en fallait de l'importance du sujet.

Mon approche tient davantage du témoignage tel qu'il se dévoile dans les derniers chapitres.
J'ai essayé d'aller à l'essentiel même si je suis conscient de n'avoir pas répondu à toutes les questions connexes que vous avez pu vous poser.
Mon souci principal a été de vous inciter, à lire ou relire les Evangiles conscient de leur valeur historique incontestable, avec un œil nouveau, et que vous alliez à la rencontre de son personnage central, Jésus-Christ, sans a priori, avec un esprit ouvert disposé à vous laisser interpeller par ses paroles.

La foi en Christ ne m'apparaît pas comme un saut dans l'inconnu, mais plutôt comme un pas vers celui qui nous a été rendu familier par les auteurs des Evangiles dont l'honnêteté ne peut être mise en doute, comme une main tendue vers Lui.
Enfin, si la raison nous permet d'appréhender les choses de ce monde qui passe, la foi nous introduit dans celles du monde spirituel qui est éternel.

Pour terminer, permettez-moi de laisser le dernier mot à la Parole de Dieu.

« Or, la foi est une ferme assurance des choses qu'on espère, une démonstration de celles qu'on ne voit pas. » Hébreux 11 v 1

« Dieu est esprit, et il faut que ceux qui l'adorent l'adorent en esprit et en vérité » Jean 4 v 23

« Où est le sage ? où est le scribe ? où est le disputeur de ce siècle ? Dieu n'a-t-il pas convaincu de folie la sagesse du monde ? Car, puisque le monde, avec sa sagesse, n'a point connu Dieu dans la sagesse de Dieu, il a plu à Dieu de sauver les croyants par la folie de la prédication…..v 25 : car la folie de Dieu est plus sage que les hommes, et la faiblesse de Dieu est plus forte que les hommes. » Corinthiens 1 v 20 à 25.

« Car Dieu a tant aimé le monde qu'Il a donné son Fils unique afin que quiconque croit en lui ne périsse pas, mais qu'il ait la vie éternelle. » Jean ch 3 v 16.

Addenda

Il ne s'agit pas ici d'un traité de théologie mais d'un essai pour faire réfléchir le commun des lecteurs.
Ici pas de référence à Thomas d'Aquin, ni à Hegel, ni à Pascal, ni à l'Ecole de Francfort, ni à Bouveresse , ni à Derrida ou Paul Ricoeur ou Kierkegaard etc. Ce n'est donc pas un mémoire de recherche !
Même si je pencherais vers Kierkegaard avec son "saut dans l'irrationnel".
J'appellerai plutôt cela "un saut conceptuel" vers un autre champ de rationalité.

Par ailleurs, j'aurais pu approfondir en soulignant le fait que, lorsque ce saut est fait, s'ouvre un nouvel espace, un nouveau monde, une nouvelle réalité dans laquelle la raison trouve un nouveau champ de réflexion à partir de nouvelles données qui lui ouvre de nouvelles perspectives d'une immense richesse.

Le pas de la foi n'est donc pas un acte de démission de la raison mais la résultante d'une tentative de la raison à la découverte d'un monde nouveau, d'un nouveau champ d'expérimentation légitimé d'une part, par l'historicité des documents qui en font état (les Ecrits du Nouveau Testament) et d'autre part, par les témoignages multiples et variés notamment des scientifiques croyants, d'hier et d'aujourd'hui, dont l'objectivité ni la bonne foi ne peuvent être mises en doute.

Les scientifiques qui se refusent à cette démarche devraient se souvenir que beaucoup de découvertes l'ont été en faisant ce saut conceptuel vers des domaines dont l'étrangeté pouvait les conduire à les classer dans l'ordre de la métaphysique voire de l'obscurantisme.
En effet, nombre de ces domaines aujourd'hui scientifiquement avérés, étaient considérés à certaines époques comme relevant de la magie ou de l'alchimie: ex: l'électricité, la chimie, l'optique, l'astronomie etc.
Souvenons-nous de Galilée !
Bref, aujourd'hui, le véritable obstacle à la foi n'est pas fondamentalement celui de la raison mais plutôt celui d'une forme d'adoration de la science., véritable religion laïque.

DE LA CROYANCE A LA FOI

DE LA FOI AU SAVOIR

DU SAVOIR A L'ESPERANCE

I) Prologue :

Dans un interview accordé par Jean D'Ormesson au Figaro Magazine du 07 juin 2014 concernant la parution de son dernier livre intitulé « Comme un chant d'espérance », l'auteur fait la réflexion suivante : « Avez-vous remarqué que, même lorsque les gens ont une foi très forte, ils disent : « je suis croyant ». Croyant ! Le mot est quand même extraordinaire ! Dire « je crois » c'est dire « je ne sais pas ».
On devrait dire « je sais » !
Il ajoute plus loin : « Si vous prenez un train, il ne faut pas croire qu'il partira à 12 h 55, il faut en être sûr, sinon vous allez le rater. Tout cela prouve qu'en ce qui concerne Dieu, nous ne savons pas. Nous pouvons juste croire. Nous ne savons pas ce qu'il y a après la mort, de même que nous ne savons pas ce qu'il y avait avant le big bang. Mon livre est donc une promenade dans ce que nous ne connaissons pas. C'est aussi un livre sur le doute. »

Quelques lignes plus haut, Jean D'Ormesson se définit comme catholique agnostique. Il ajoute : « je ne peux pas dire que j'ai une foi ardente : je ne sais pas, j'espère. La forme de ma foi, c'est l'espérance. »

La logique apparente de son discours s'articule autour des trois mots suivants : croire, savoir et espérer.
Pour lui, croire n'est pas savoir. Il ne reste plus qu'à espérer !

Ces assertions, pour le « croyant » que je suis, disciple du Christ ressuscité, convaincu de la véracité des textes bibliques et notamment de ceux des Evangiles, me sont apparues trop réductrices et m'ont incité à en approfondir et clarifier le sens.

Mon propos consistera donc à aborder le sujet en essayant de définir ce que l'on entend par « croyance », puis, en établissant le lien qui permet le passage à la foi chrétienne et enfin de montrer en quoi, cette foi constitue en soi un savoir et le support d'une espérance vivante.

II) La croyance :

Le terme de « croyance » mérite d'être analysé car il est polysémique, autrement dit, il recouvre plusieurs sens.

Utilisé au pluriel, il comprend l'ensemble des « croyances » en matière religieuse, philosophique ou politique. (cf : Larousse)
Ainsi en est-il des croyances dites populaires véhiculées par les traditions d'une ethnie, d'un peuple ou d'un groupe social.
Il s'agit là de l'objet de la croyance, de ce que l'on croit (cf : Centre National de ressources textuelles et lexicales)

Utilisé au singulier, la croyance désigne le fait de croire à l'existence de quelqu'un ou de quelque chose, à la vérité d'une doctrine, d'une thèse (cf : Larousse).

En langage philosophique, selon Paul Ricoeur - philosophe, spécialiste en phénoménologie (1) et en herméneutique (2) (1913-2005) - il s'agit « d'une sorte d'action de croire, autrement dit, d'une attitude mentale d'acceptation, d'assentiment, de sentiment de persuasion, de conviction intime. »

Cette action de croire est donc un processus mental qui conduit à tenir pour vrai quelque chose, et ceci, indépendamment des preuves éventuelles de son existence, de sa réalité ou de sa possibilité.

1) les degrés de la croyance :

Selon le CNRTL déjà évoqué, il est possible de distinguer 3 degrés de croyance :

a) l'opinion :

L'opinion est une **croyance insuffisante** pour soi-même et pour les autres.

b) la foi :

La foi est une **croyance/conviction** suffisante pour soi-même mais non imposable aux autres.

c) la science :

La science est une **croyance/certitude** valable pour tous et imposable à tous.

Il en ressort que la science exclut radicalement l'opinion, par nature relative.
Quant à la foi, elle n'a ni la faiblesse de l'opinion ni la force de la science.

En d'autres termes, l'opinion se situe au plus bas degré de la croyance, car sa conviction est doublement insuffisante du point de vue objectif comme du point de vue subjectif. Par ailleurs, l'opinion oscille entre la certitude et le doute selon les raisons de croire ou de ne pas croire.
La foi apparaît comme subjectivement suffisante et objectivement insuffisante.
La science est doublement suffisante objectivement et subjectivement.

Nous entendons par « aspect subjectif » de la croyance, les degrés d'engagement du sujet ainsi que les degrés de certitude de la conscience envers l'objet, tandis que « l'aspect objectif » concerne le degré de réalité qui s'attache à l'objet considéré.

III) De la croyance à la foi :

1) Les limites de la classification usuelle :

Si l'on s'en tient à cette classification de la croyance, on peut affirmer que la foi se situe au dessus de l'opinion en termes de subjectivité, car elle fait appel à un processus d'adhésion à son objet de l'ordre de la conviction forte personnelle, ce qui n'est pas le cas pour la simple opinion qui ne nécessite aucun engagement ni envers soi-même ni envers autrui car il ne s'agit que d'un assentiment de surface.

Par rapport à la science, la foi se situe un degré en dessous sur le plan de l'objectivité selon l'approche philosophique qui nous est donnée par ce schéma inspiré par Kant dans sa 'Critique de la raison pure ». (Méthodologie transcendantale . 1978 , trad Tissot, tII, p 406)

Toutefois, il faut replacer le concept de « foi » tel que défini par Kant et par d'autres philosophes, dans son approche de la « religion naturelle », sachant que pour lui, les objets métaphysiques (Moi, le Monde et Dieu) sont inconnaissables.
Dès lors, excluant de facto la « foi chrétienne » dans sa spécificité, ses fondements, son histoire et ses développements, il l'évacue de son champ de réflexion car n'entrant pas dans son cadre de réflexion circonscrit au seul domaine de la raison.
Ainsi Kant déplace-t-il la question religieuse du terrain métaphysique vers le terrain moral, faisant de Dieu une idée régulatrice du comportement moral des hommes.
Kant peut donc être considéré comme agnostique.
Jean D'Ormesson se qualifie lui-même comme catholique agnostique et « espère mourir dans la religion catholique, si elle veut bien de moi » dit-il. Sa foi peut donc être assimilée à une opinion qui s'alimente à la fois du doute et de l'espérance, mais s'agit-il de « l'espérance chrétienne » ?

2) la foi chrétienne, une croyance hors norme :

La foi, comme nous l'avons vu, se distingue de la simple opinion par la force de conviction qui l'anime.
Or, ce qui fait la force de la foi chrétienne ne réside pas dans ses seuls dogmes - toutes les religions en ont - mais sur l'historicité, la véracité et la crédibilité des écrits fondateurs recueillis dans la Bible, par ses développements au cours de l'histoire, par ses effets bénéfiques sur l'humanité, par les témoignages collectifs et individuels de ceux qui ont été saisis par la puissance transformatrice de l'intrusion de Dieu/Esprit dans leurs vies.

Plus encore, ce qui fait de la foi chrétienne une croyance hors norme, réside dans le fait historique et avéré de la résurrection de son fondateur, Jésus-Christ, le Fils de Dieu incarné, évènement qui, de surcroît, fut annoncé des siècles plus tôt par les prophètes.

Nulle autre religion ne peut se prévaloir d'une telle attestation d'authenticité et de véracité !

a) une foi fondée sur des écrits historiquement avérés :

Les 27 livres qui constituent le Nouveau Testament et plus particulièrement les 4 Evangiles ainsi que le livre des Actes des Apôtres, ont un niveau de crédibilité qui surpasse de façon étonnante celui des grandes œuvres classiques pour lesquelles nul ne se permettrait de douter de l'historicité. (cf la raison et la foi)
Les preuves internes et externes sont suffisamment nombreuses et étayées par la critique pour constituer un corpus de connaissances dignes de confiance.

b) La foi chrétienne : un processus d'acquisition hors norme :

La foi, prise dans son sens générique, est une conviction suffisante pour soi-même mais non imposable aux autres. Cela signifie qu'elle ne possède pas d'argument assez objectif susceptible de s'imposer et de susciter l'adhésion d'autrui.
Le processus mental, qui permettrait une telle adhésion, n'y trouve pas

de fondement suffisamment solide, objectif, pour être enclenché.

La foi chrétienne, qui peut être confondue de l'extérieur avec la « foi tout court », s'en distingue à la fois par son processus d'acquisition et par sa nature.
De fait, si elle porte en soi une part de subjectivité puisqu'il s'agit bien au départ d'un choix du sujet, cette subjectivité va s'ouvrir à l'objectivité en raison de l'intervention d'un agent extérieur qui va donner corps à sa foi et s'imposer, non plus comme le résultat d'un processus mental mais comme celui d'une action extérieure agissant sur sa pensée elle-même, venant confirmer la pertinence de son choix.

Il sera le témoin d'une transformation intérieure, d'un changement radical de sa grille de lecture du monde et de lui-même, qui vont affecter ses sentiments, sa manière de penser et ses comportements.

Un tel changement qui est une « dynamisation » et une « opérationnalisation » de sa foi, porte le nom de « conversion » dans le sens de changement de direction concomitante avec « une nouvelle naissance » spirituelle.
Il s'agit d'une « métanoïa » qui, en grec désigne un changement de vue, un renversement de la pensée.

L'agent de cette transformation est Dieu lui-même qui, par l'action de son Esprit, vient ratifier « l'acte initial » de confiance du sujet, en venant habiter en lui et en le rendant sensible à des réalités qui échappaient jusqu'alors à sa seule raison.

Cette réalité est appuyée par les paroles du Christ lui-même.
Dans Jean ch 3 v 3 et suivants, voici ce qu'il dit à Nicodème, un des chefs des Juifs :

« En vérité, en vérité, je te le dis, si un homme ne naît d'eau et **d'esprit**, il ne peut entrer dans le royaume de Dieu. Ce qui est né de la chair est chair, et ce qui est né de l'esprit est esprit. Ne t'étonne pas que je t'aie dit : Il faut que vous naissiez de nouveau. Le vent souffle où il veut et tu en entends le bruit ; mais tu ne sais d'où il vient, ni où il va. Il en est de même de tout homme qui est né de **l'esprit**. »

c) le pouvoir de transformation de la foi chrétienne :

La foi religieuse de convenance ou de tradition ne change jamais le cœur de l'homme car elle n'est qu'adhésion intellectuelle ou affective ou traditionnelle à telle ou telle idéologie. Elle peut donner le change par des pratiques religieuses d'identification à un groupe, comme ce fut le cas des Pharisiens de l'époque du Christ, mais sa mise à l'épreuve en découvre la superficialité. Ainsi en est-il aujourd'hui comme hier, du christianisme dit « sociologique » transmis de père en fils par le rite d'un pseudo baptême par aspersion.
Rappelons que le baptême biblique, qui est l'expression publique de sa foi en Christ est, littéralement en grec, une immersion qui mime la mort du vieil homme et la naissance de l'homme nouveau, exprimant symboliquement la transformation spirituelle qu'a vécue le baptisé.

La foi chrétienne s'inscrit donc dans ce changement intérieur qui va se traduire par une nouvelle manière de vivre ses rapports à Dieu, à soi-même, aux autres et au monde.

L'apôtre Paul désigne ce changement de mentalité qui affecte directement les sentiments, les pensées et les actes, par le « « fruit de l'Esprit » dans Galates ch 5 v 22 à 23:

« Mais, le fruit de l'Esprit, c'est l'amour, la joie , la paix, la patience, la bonté, l'indulgence, la fidélité, la douceur,la tempérance. »

Nous sommes loin de la « foi » au sens large qui n'affecte le « croyant » qu'à proportion d'une conviction sans autre fondement que la tradition religieuse transmise par son milieu.

3) La foi chrétienne, une science expérimentale :

a) un fait d'expérience :

Comme nous l'avons souligné, le changement intérieur induit par l'advenue de l'Esprit-Saint dans le cœur même du « croyant né de nouveau », est perçu par lui comme un phénomène d'ordre spirituel et en même temps psychologique, dont il est à la fois l'observateur émerveillé et le champ d'observation.

En d'autres termes, il en est à la fois le sujet et l'objet.
On pourrait en déduire qu'en tant que sujet qui s'observe, son jugement ne peut être que subjectif. Or, son observation est rendue objective car il peut comparer ce qu'il était avant et ce qu'il est devenu après son expérience spirituelle.

Dirait-on d'un alcoolique libéré de la boisson que son appréciation de son nouvel état de sobriété ne peut être que subjective ?
Serait-ce pure subjectivité de sa part que de relever le fait qu'il n'est plus violent, qu'il est capable de réfléchir posément, qu'il est à même de travailler et d'avoir goût à la vie, autant de faits qui relèvent de la plus simple observation ?
Ce disant, il ne fait que souligner un fait objectif, et son observation constitue un savoir que le plus grand nombre d'anciens alcooliques pourraient confirmer.

Jean d'Ormesson dit à juste titre, que ceux qui ont un « foi très forte » ne devraient pas dire « je suis croyant » mais : « je sais » !
En cela, il a totalement raison car, en effet, comme il le précise, dire « je suis croyant » signifie « je ne sais pas », je suppose, j'espère que. Cette forme de foi, dénuée de toute certitude, participe du doute.

Elle ne possède aucune assise suffisante, aucun ancrage assez solide pour asseoir une certitude permettant d'affirmer : je sais !

La foi chrétienne est décrite par les Ecritures comme une réalité établie :
« La foi est une ferme assurance des choses qu'on espère, une démonstration de celles que l'on ne voit pas. » (Hébreux 11 v 1)

Et l'espérance chrétienne nous est présentée ainsi par le même auteur biblique au chapitre 6, verset 19 :
« Cette espérance, nous la possédons comme une ancre de l'âme, sûre et solide. »

De telles affirmations seraient sans valeur si elles n'étaient étayées par des témoignages suffisamment nombreux, sincères, vérifiables et authentifiables capables d'en assurer la validité.

Concernant leur nombre, l'histoire du christianisme passé et présent est d'une richesse telle que tout doute est exclu à cet égard.
Malgré les multiples et horribles persécutions que subirent les chrétiens de tous les âges, la foi chrétienne a subsisté !

S'il ne s'était agi que d'une simple conviction, elle aurait cédé aux premiers coups de l'adversité.
Mais, il s'agissait bien d'un « savoir » ancré au cœur de l'âme même qu'aucune tempête ne pouvait arracher.

Cette certitude, qui n'a rien de commun avec une simple conviction, a traversé les siècles et a donné lieu à des témoignages forts tels que ceux qui sont cités ici :

Job s'écrie : « **Je sais** que mon Rédempteur est vivant ! » ch 19 v 25
David affirme : « **Je sais** que Dieu est pour moi. » Psaumes 56 v 10
Plus près de nous :
L'apôtre Jean décrit son expérience et celle de ses frères :
« Nous **savons** que nous l'avons connu…que nous sommes en Lui…qu'il nous écoute. » (1 Jean 2 v 3 à 5 et 2 v 15)
Il ira jusqu'à dire : « afin que vous **sachiez** que vous **avez** la vie éternelle ! » (1 Jean 5 v 15)

Enfin, l'apôtre Paul exprime sa foi, non pas comme une « croyance » mais comme un fait d'expérience, un savoir :
« Je sais en qui j'ai cru ! » (2 Timothée 1 v 12)

b) Epistémologie et foi chrétienne :

L'épistémologie – du grec épistémê : connaissance, savoir, et de logos : le discours – s'intéresse à la théorie de la connaissance et concerne la philosophie des sciences.

Avant d'aller plus loin, il est important de préciser et de souligner que la foi chrétienne ne saurait être réduite, pour y avoir accès, à sa seule dimension épistémique, autrement dit, aux seuls arguments de type cognitif qui viendraient interpeller la raison et la convaincre de sa validité.
Rappelons que la foi chrétienne est tout d'abord un acte de confiance en une parole qui invite à cette démarche – Celui qui croit en moi -, qu'elle est une réponse à un appel et qu'elle oblige à prendre une décision non contrainte, à faire un saut dans l'irrationnel que Roger Pouivet, directeur du laboratoire d'histoire des sciences et de philosophie de l'Université de Lorraine, qualifie dans son ouvrage « Epistémologie des croyances religieuses » (ed.Le Cerf 2013) de « saut épistémique ».

Pour autant, cela n'évacue en rien l'intérêt que peuvent revêtir pour le chercheur en quête de vérité, les connaissances documentaires, historiques, linguistiques, exégétiques et expérimentales qui constituent en soi des arguments susceptibles , soit de l'inciter à faire ce saut que je qualifierai de « conceptuel » qui est le saut initial de la foi, soit de le voir confirmer, après cette expérience, par les effets de sa découverte d'un autre monde de rationalité, qualifié par certains de « métaphysique ». Ce nouveau champ de perception devient pour lui une source de nouveaux savoirs sensibles à son esprit et à son intelligence éclairée par l'Esprit de Dieu.

L'apôtre Paul s'adressant aux chrétiens d'Ephèse, fait référence à cette nouvelle réalité (ch 4 v 23) :

« ..c'est en Christ que vous avez été **instruits**…à être renouvelés dans l'esprit de votre intelligence.. »

Il oppose ce nouvel état à celui dans lequel se trouvent ceux qui ne croient pas, au verset 18 du même chapitre :

« Les païens…marchent selon la vanité de leurs pensées. Ils ont l'intelligence obscurcie, ils sont étrangers à la vie de Dieu, à cause de l'ignorance qui est en eux, à cause de l'endurcissement de leur coeur. »

Il est intéressant de noter que l'apôtre parle d'instruction, autrement dit, qu'il fait référence à des savoirs, à des connaissances, lesquelles, même si elles ne relèvent pas des sciences dites fondamentales, n'en constituent pas moins un objet épistémologique.

Jean Piaget, psychologue et épistémologue suisse (1896 – 1980) définit l'épistémologie comme étant « l'étude de la contribution des connaissances valables. »

Jean-Louis Lemoigne, spécialiste de l'épistémologie constructiviste, (1931…) précise que toute enquête épistémologique doit définir :
1) les modes de production de la connaissance.
2) les fondements de cette connaissance.
3) la dynamique de cette production.

Kant, dans sa « Critique de la raison pure » établit le principe suivant :
« Dans le temps, aucune connaissance ne précède l'expérience, et toutes commencent par elle. »
Il ajoute : l'objet en soi, le noumène (3), est et restera inconnu, et nous ne connaîtrons jamais que les phénomènes. »

De même, Edmund Husserl, (1859-1938), fondateur de la phénoménologie (2), en donne la définition suivante :
« la phénoménologie prend pour point de départ l'expérience en tant qu'intuition sensible des phénomènes, afin d'essayer d'en extraire les dispositions essentielles des expériences ainsi que de l'essence de ce dont ont fait l'expérience. »

Pour Kant comme pour Husserl, ce qui prime, c'est l'expérience à partir de laquelle vont s'élaborer les savoirs.

Elle peut être le fruit du hasard, de l'intuition ou d'une recherche ciblée de l'observation.
Il importera alors d'en déterminer l'origine, ses constituants, et de déterminer sa reproductibilité avant de la valider, non sans avoir émis la possibilité d'une hypothèse nulle.

Rien n'interdit l'expérience de la foi chrétienne de s'inscrire dans ce schéma.

L'histoire de chaque chrétien authentique démontre la multiplicité des circonstances qui ont provoqué leur décision initiale :
recherche d'un sens à sa vie, prière lancée vers Dieu dans un moment de détresse, lecture des Evangiles et désir de connaître le Christ, rencontre avec des témoins du Christ, prise de conscience de la notion de l'éternité, de l'idée du Dieu Créateur, sensibilité aux beautés de la création, élan du cœur vers ce qui participe de l'Absolu comme le bien, le beau le vrai, sentiment de vide intérieur, de solitude et désir de plénitude et d'amour, perception aiguë de sa faiblesse face au mal, de ce que la Bible appelle le péché (gr : amartia), quête d'un idéal de pureté, de justice et de vérité.
Evidemment, cette liste n'est pas exhaustive.

Ce qu'il importe de souligner, c'est qu'au-delà de la variété des portes d'entrée dans le champ de la foi chrétienne, les expériences relatées et vécues témoignent d'une nouvelle réalité dont les constituants sont identiques même si leur appropriation ne suit pas le même rythme.
Tous les nouveaux-nés progressent dans la découverte d'eux-mêmes et de leur environnement en fonction de la maturation de leur système neurophysiologique lui-même influencé par la richesse des stimuli extérieurs. Ils vivent cependant dans un monde dont les caractéristiques leur sont communes et dont ils pourront témoigner de façon semblable. Une montagne, une rivière seront perçues comme telles par chacun, même si les mots pour les décrire pourront parfois différer.
Ainsi en est-il du monde nouveau que découvre peu à peu le chrétien nouveau-né. Son expérience de la vie avec Dieu, en communion avec Lui, va s'enrichir jour après jour de nouvelles découvertes sur lui-même, sur les autres et sur Dieu.
Il va expérimenter ce qui lui était étranger auparavant :
la certitude d'être aimé de Dieu, la paix qu'une telle certitude lui apporte, la joie de la communion avec ses « nouveaux frères », l'ineffable bonheur de se savoir pardonné de toutes fautes, la sécurité de se savoir gardé par Dieu, de posséder la vie éternelle par la

résurrection, la capacité de résister aux tentations, la joie de donner de l'amour aux autres, le pouvoir de pardonner etc…

Ce qu'il importe de souligner, c'est qu'il ne s'agit pas ici de sentiments dont on connaît le caractère subjectif et labile mais, réellement, de savoirs, inscrits dans la glaise du quotidien, expérimentés à l'identique par tous ceux qui ont vécu cette « métanoïa », ce changement de mentalité, cité plus avant.

De même que nul ne peut prétendre aujourd'hui nier le caractère épistémologique de la psychologie clinique, au prétexte qu'il s'agit de l'étude de l'individu, oubliant que l'appareil psychique fonctionne selon les mêmes mécanismes pour tous, nul ne peut non plus nier le caractère épistémologique de la foi chrétienne, laquelle est aussi régie par des mécanismes spirituels applicables à tous.

Le lien de causalité, clé de voûte de la science classique, selon lequel « tout fait a une cause et il n'y a pas d'effet sans cause, et les mêmes causes produisent les mêmes effets », se retrouve vérifié en ce qui concerne la foi chrétienne telle qu'elle est vécue, expérimentée et exprimée par ses témoins.

Par ailleurs, et ceci n'est pas anodin, les témoignages de vies vécues sous la conduite de Dieu et de son Esprit, corroborent les textes des Evangiles quant aux effets de l'action divine dans les vies. Souvenons-nous du fruit de l'Esprit cité plus avant.

Il s'agit là d'une confirmation que ces écrits rédigés par des contemporains du Christ, voient leur crédibilité, déjà avérée par les scientifiques (linguistes, exégètes, philologues, historiens), renforcée par les faits au cours des générations qui ont suivi.

Parmi les critères qui viennent appuyer le caractère épistémologique d'un corpus de connaissances, il en est un qui requiert l'existence d'un agent démonstratif de la réalité religieuse.

En l'occurrence, la foi chrétienne synthétise en un mot, ce qui l'alimente, la maintient et la rend visible au monde. Il s'agit de « **l'amour- agapè** ».

Cet amour qui n'est pas naturel au cœur de l'homme lui est insufflé par l'Esprit de Dieu lors de sa nouvelle naissance. Il se distingue de l'amour-éros et de l'amour-philia par sa capacité à se donner totalement, sans calcul et sans rien attendre en retour. Par ailleurs, il donne et se donne à tous sans distinction. Cet amour-agape résiste aux préférences du Moi naturel car il ne s'inscrit pas dans la mouvance de sentiments fluctants mais dans la dynamique de sa nouvelle nature qui le reçoit de Dieu lui-même qui en est la source immuable et inépuisable.
Or, cet amour-là est un amour éternel comme l'est Celui qui le distribue. Il en ressort que ceux qui l'ont reçu et qui en vivent reçoivent dans le même temps la certitude de la vie éternelle promise.

Cet agent démonstratif de la foi chrétienne n'a pas échappé aux auteurs sacrés qui ont fait de l'amour-agapè la clé de voûte de leur message.
L'apôtre Jean au chapitre 13, verset 35 rapporte ces paroles de Jésus :

« A ceci tous connaîtront que vous êtes mes disciples, si vous avez de l'amour les uns pour les autres. »

Il est à noter que le terme grec utilisé, « gnosontai », fait référence, non à une impression, ni à un sentiment mais à une connaissance objective : tous « connaîtront ».

L'apôtre Paul insiste sur le caractère démonstratif de la prédication de l'Evangile dans sa 1° épître aux Corinthiens ch 2 v 4 - 5 :

« Ma parole et ma prédication ne reposaient pas sur les discours persuasifs de la sagesse, mais sur une démonstration d'Esprit et de puissance, afin que votre foi fût fondée, non sur la sagesse des hommes, mais sur la puissance de Dieu. »

Nous observons ici, dans ce témoignage de l'apôtre, une distinction entre les arguments de la sagesse « humaine » et ceux qui procèdent de l'action de l'Esprit et de la puissance de Dieu.
De fait, Paul souligne qu'il ne fait pas appel à la logique humaine pour convaincre ses auditeurs car celle-ci est incapable de saisir des concepts qui lui sont étrangers. Pour ce faire, il compte sur l'action de l'Esprit de Dieu, Esprit de lumière et de vérité pour ouvrir les cœurs et les esprits à des réalités nouvelles que ses auditeurs ne soupçonnaient même pas, l'horizon de leurs réflexions étant limité aux monde sensible.

Il s'agit bien là, encore une fois, d'un saut épistémique qui ouvre sur un champ de connaissance nouveau et bien réel qui a une dimension éminemment spirituelle dont on ne peut réfuter la réalité.

Epistémologie et foi chrétienne, tel était le titre de ce chapitre.

En l'ouvrant, nous avons été conscient que la question implicite posée, déjà abordée par des penseurs savants, ne pouvait avoir la profondeur de vue de ces derniers ni la finesse de leur réflexion. C'est donc avec humilité que nous avons essayé de montrer, sinon de démontrer, en quoi la foi chrétienne se distingue, dans l'ordre des croyances, de la foi prise dans son acception générique, par une intervention extérieure, l'Esprit de Dieu, dont l'action va produire un changement radical de pensées, de sentiments, de comportements, de vision de soi, du monde, des autres, du sens de la vie, de perspectives et de Dieu.

Pour Jean D'Ormesson, croire n'est pas savoir.
Si l'on s'en tient à la définition de la foi comme étant une forte conviction non étayée par des arguments de type cognitif expérimentables par autrui, autrement dit non généralisables, on ne peut être que d'accord avec lui.
Concernant la foi chrétienne, nous pensons avoir démontré qu'elle ne relève pas de cette approche là, car elle s'alimente à une source extérieure qui permet une approche objective des phénomènes décrits qui en découlent.
Autrement dit, les nouveaux savoirs d'ordre spirituel, acquis par l'expérience et communs à tous ceux qui ont vécu ce changement de

la pensée, répondent aux critères épistémologiques dès lors que, par parenthèse, échappant à la subjectivité ils peuvent être saisis comme objets de cognition.

4) L'espérance chrétienne :

Jean D'Ormesson, questionné sur la véracité des écrits bibliques et sur l'existence de Dieu répond ceci :
« Je n'ai jamais été religieux, mais j'ai toujours cru à Dieu. »
Plus loin il ajoute :
« Mais dans le fond, je suis un catholique agnostique. Je ne peux pas vous dire que j'ai une foi ardente : je ne sais pas, mais j'espère. La forme de ma foi, c'est l'espérance. »

Un peu plus loin, il dira : « Dire je crois, c'est dire, je ne sais pas. On devrait dire, je sais ! »

Compte tenu de ce qu'il dit sur sa foi qu'il assimile à de l'ignorance, ce qui justifie son agnosticisme, on est en droit de s'interroger sur l'objet de son espérance. Peut-il dire « je sais en quoi ou en qui j'espère » ?

Ceci nous conduit à aborder succinctement la nature de l'espérance chrétienne.

Rappelons ce que nous en dit la Bible dans l'épître aux Hébreux ch 11 v 1 :
« La foi est la ferme assurance des choses qu'on espère, une démonstration de celles qu'on ne voit pas. »

Comme nous le lisons, l'espérance est intimement liée la foi.

Paul écrivant à Tite, au chapitre 1 v 2 de l'épître éponyme écrit ce qui suit :
« ….la foi des élus et la connaissance de la vérité…reposent sur l'espérance de la vie éternelle, promise dès les plus anciens temps par le Dieu qui ne ment point… »

Ainsi, la foi repose sur l'espérance, et l'espérance chrétienne a pour objet la vie éternelle.

Le même apôtre, traduit devant le gouverneur Félix à Césarée, dans son discours de défense, lui livrera l'objet de son espérance en ces termes : (Actes 24 v 14-15)

« Je t'avoue bien que je sers le Dieu de mes pères….ayant en Dieu cette espérance, comme ils l'ont eux-mêmes, qu'il y aura une résurrection des justes et des injustes. »

Nous nous souvenons de ce que l'auteur de la lettre aux Hébreux disait de l'espérance au ch 6 v 19 :

« Cette espérance, nous la possédons comme une ancre de l'âme, sûre et solide. »

Encore une fois, soulignons que l'espérance chrétienne n'est pas le fruit d'une recherche philosophique mais qu'elle s'appuie sur les promesses du Christ lui-même dont les paroles et les promesses se sont toujours avérées justes.

Il avait annoncé sa résurrection trois jours après sa mort et des centaines de témoins en ont attesté la réalité.
Il avait annoncé la venue de son Esprit sur ses disciples, et cela se manifesta le jour de la Pentecôte.

Dès lors, l'espérance chrétienne de la résurrection n'est pas fondée sur une chimère mais sur des faits historiques qu'un esprit libre, honnête et sincère ne peut que considérer comme véridiques.

L'espérance chrétienne, en raison même de ses fondements historiques et de ses conséquences dans la vie de tous ceux qui, au travers des siècles, en ont découvert les effets dans leur vie, peut être considérée comme un savoir répondant aux critères de l'épistémologie.

IV) Conclusion :

Au terme de ce modeste essai, j'ose espérer, chers lecteurs, que vous aurez été sensibles aux accents de vérité, non pas de mon propos qui peut faire l'objet de discussions ou de réfutations, mais à la Parole de Dieu dont j'ai cité quelques passages.

**« Maintenant donc ces trois choses demeurent :
la foi, l'espérance et l'amour ; mais la plus grande de ces choses,
c'est l'amour. »**

1 Corinthiens chapitre 13 v 13

V) Lexique :

1) Phénoménologie :

Du grec : phainoménon : ce qui apparaît et de logos : l'étude, le discours.
Il s'agit d'un courant philosophique qui étudie les phénomènes, l'expérience vécue et les contenus de la conscience.

2) Herméneutique :

Art d'interpréter. Théorie de la lecture, de l'explication et de l'interprétation des textes.

3) Noumène :

Du grec « nooùmenon » : ce qui est pensé.
Platon utilise ce terme pour désigner les « idées » c'est-à-dire la réalité intelligible, accessible à la connaissance rationnelle, par opposition au monde sensible.
Au contraire, pour Kant le noumène renvoie à tout ce qui existe et que la sensibilité ne peut atteindre.
Dans ce sens, le noumène a pour synonyme « la chose en soi » qui reste inconnue et dont on ne connaît que les phénomènes.

Table des matières :

Vertus et limites de la raison dans la quête de Dieu

I) Introduction :..3

II) Un paradoxe :... 3

III) Processus du choix :..3
    1) entre rationalité et irrationalité
    2) aucun choix n'est totalement objectif ou totalement subjectif
    3) exemples de choix

IV) La raison au service de la foi:...................................7
    1) authenticité et historicité d'œuvres classiques
    2) authenticité et historicité des écrits du Nouveau Testament
    3) arguments connexes

V) Des arguments de la raison à l'acte de foi :............... 14
    1) les limites de la raison
        a) la divinité de Christ
        b) l'inspiration divine des Ecrits bibliques
    2) le chemin d'accès à la foi opérante

VI) Renouer le dialogue avec Dieu :...............................19
    1) le Saint-Esprit, acteur majeur du dialogue avec Dieu
    2) interrogation, appel à Dieu, réponse, nouvelle naissance

VII) Conclusion..24
     Addenda..26

De la croyance à la foi, de la foi au savoir, du savoir à l'espérance

I) Prologue :..27

II) La croyance :..28

    1) les degrés de la croyance :......................................29

    2) l'opinion

    3) la foi

    4) la science

III) De la croyance à la foi :

    1) Limites de la classification usuelle :........................30

    2) La foi chrétienne, une croyance hors norme :...............31

        a) un foi fondée sur des écrits historiques avérés

        b) la foi chrétienne, un processus d'acquisition hors norme

        c) le pouvoir de transformation de la foi chrétienne :....33

    3) La foi chrétienne : une science expérimentale

        a) Un fait d'expérience

        b) Epistémologie de la foi ?:.................................35

4) L'espérance chrétienne :……………………………………..42

IV) Conclusion :……………………………………………….44

V) Lexique :……………………………………………………45

Oui, je veux morebooks!

I want morebooks!

Buy your books fast and straightforward online - at one of the world's fastest growing online book stores! Environmentally sound due to Print-on-Demand technologies.

Buy your books online at
www.get-morebooks.com

Achetez vos livres en ligne, vite et bien, sur l'une des librairies en ligne les plus performantes au monde!
En protégeant nos ressources et notre environnement grâce à l'impression à la demande.

La librairie en ligne pour acheter plus vite
www.morebooks.fr

OmniScriptum Marketing DEU GmbH
Heinrich-Böcking-Str. 6-8
D - 66121 Saarbrücken
Telefax: +49 681 93 81 567-9

info@omniscriptum.com
www.omniscriptum.com